BEI GRIN MACHT SICH IHR
WISSEN BEZAHLT

AF140833

- Wir veröffentlichen Ihre Hausarbeit,
  Bachelor- und Masterarbeit

- Ihr eigenes eBook und Buch -
  weltweit in allen wichtigen Shops

- Verdienen Sie an jedem Verkauf

Jetzt bei www.GRIN.com hochladen
und kostenlos publizieren

Bibliografische Information der Deutschen Nationalbibliothek:

Die Deutsche Bibliothek verzeichnet diese Publikation in der Deutschen National-
bibliografie; detaillierte bibliografische Daten sind im Internet über http://dnb.d-
nb.de/ abrufbar.

Impressum:

Copyright © 2016 GRIN Verlag, Open Publishing GmbH
Druck und Bindung: Books on Demand GmbH, Norderstedt Germany
ISBN: 9783668409774

Dieses Buch bei GRIN:

http://www.grin.com/de/e-book/354549/trainingsplanung-im-ausdauertraining-
anamnese-leistungsdiagnostik-und

Jeannine Steiner

Trainingsplanung im Ausdauertraining. Anamnese, Leistungsdiagnostik und Zielsetzung

GRIN Verlag

Deutsche Hochschule für
Prävention und Gesundheitsmanagement
Hermann Neuberger Sportschule 3
66123 Saarbrücken

Einsendeaufgabe

Fachmodul:	Trainingslehre II
Studiengang:	Fitness Ökonomie
Name, Vorname:	Steiner, Jeannine
Semester:	**WS 2015**

Inhaltsverzeichnis

1 Diagnose

1.1 Allgemeine und biometrische Daten

Tab. 1: Allgemeine Daten (eigene Darstellung)

Alter	35 Jahre
Geschlecht	Weiblich
Körpergröße	162 cm
Körpergewicht	60 kg
Trainingsmotive	• Gewichtsreduktion (Körperfettabbau) • Körperformung • Sportliche Leistungsfähigkeit verbessern und wieder richtig fit werden
Berufliche Tätigkeit	Direktionsassistentin, vorwiegend sitzende Tätigkeit
Aktuelle sportliche Aktivitäten	2x pro Woche Teilnahme in Power Workout Lektionen + 1x pro Woche ein Intervall Ausdauertraining auf dem Laufband oder draußen seit 1 Jahr mit der Zielsetzung wieder fit zu werden
Frühere sportliche Aktivitäten	4 Jahre Triathlon mit 3-4 Wettkämpfe im Jahr als ambitionierte Amateursportlerin: 8-10 Ausdauertrainingseinheiten pro Woche + 1x pro Woche ein funktionales Krafttraining (12-16 Trainingsstunden pro Woche), vor 2 Jahren aufgehört
Zeitlicher Verfügungsrahmen	3x pro Woche, 60-90 Minuten

Tab. 2: Biometrische Daten und gesundheitlicher Zustand (eigene Darstellung)

Blutdruck	125/83 mmHg
Ruhepuls	70 S/min
Allgemeiner Gesundheitszustand	• Seit ein paar Wochen Leistungsstagnation, fühlt sich öfters müde • Ansonsten keine weiteren Beschwerden oder gesundheitliche Einschränkungen

Der Blutdruck befindet sich mit 125 mmHg systolisch und 83 mmHg diastolisch im normalen Bereich gemäß der in Tab. 3 dargestellten Blutdruckklassifikation.

Tab. 3: Definitions and classification of blood pressure (BP) levels (mmHg) (Mancia et al., 2007, S. 1465)

Category	Systolic		Diastolic
Optimal	<120	and	<80
Normal	120–129	and/or	80–84
High normal	130–139	and/or	85–89
Grade 1 hypertension	140–159	and/or	90–99
Grade 2 hypertension	160–179	and/or	100–109
Grade 3 hypertension	≥180	and/or	≥110
Isolated systolic hypertension	≥140	and	<90

Der Ruhepuls liegt mit 70 S/min im normalen Bereich. Vergleicht man jedoch den Ruhepuls mit dem Ruhepuls eines trainierten Sportlers (50-60 S/min), liegt dieser deutlich über diesem Bereich (Weineck, 2003, S. 50).

1.2 Leistungsdiagnostik / Ausdauertestung

Mit der Testperson wird der Vita-Maxima-Test durchgeführt. Dieser Test wurde insbesondere daher gewählt, weil er den wesentlichen Vorteil bringt, die individuelle Maximalherzfrequenz zu ermitteln indem die Ausführung bis zur maximalen Ausbelastung erfolgt. Somit können anschliessend sehr genaue Trainingsherzfrequenzbereiche ermittelt werden, welche auf der individuellen Maximalherzfrequenz basieren. Die Testperson möchte längerfristig ihre sportliche Leistungsfähigkeit verbessern, weshalb es durchaus Sinn macht, die individuelle Maximalherzfrequenz zu ermitteln.

Da dieser Test bis zur Ausbelastung erfolgt, muss die Testperson gut trainiert und gesund sein. Der Gesundheits- und Leistungszustand der Person reichen grundsätzlich für die Ausführung dieses Tests aus, jedoch wird die Ausgangsbelastung aufgrund der aufkommenden Müdigkeit sowie Leistungsstagnation auf 50 Watt reduziert.

4

Tab. 4: Testprotokoll Vita-Maxima-Test (eigene Darstellung)

Testform	Vita-Maxima-Test			
Testgerät	Fahrradergometer			
Belastungsprotokoll	Belastungsart	Stufentest, maximale Belastung		
	Eingangsbelastung	50 Watt		
	Stufendauer	3 Minuten		
	Belastungssteigerung	50 Watt		
	Trittfrequenz	80-100 U/min		
	Pulsobergrenze / Abbruchgrenze	Ausbelastung, mindestens 165 S/min (200-LA)		
Testergebnisse	Datum	12. Dezember 2016		
	Gewicht	60 kg		
	Ruhepuls	70 S/min		
	Zeit	Watt	Hf 1	Hf 2	Hf 3
	1-3 Minuten	50	105	111	116
	4-6 Minuten	100	122	127	133
	7-9 Minuten	150	142	148	154
	10-12 Minuten	200	165	172	178
	13-15 Minuten	250	187	Abbruch	
	Max.-Herzfrequenz	187 S/min			
	Watt gesamt	217			
	Watt/Kg Körpergewicht	3.6			
	Bewertung nach Normtabelle	Freizeit- bzw. Breitensportler			

Für die erbrachte Leistung kann ein interindividueller Vergleich angestellt werden anhand der Leistungstabelle über die Normwerte der Frauen des Vita-Maxima-Tests. Die Ausdauerleistungsfähigkeit der Testperson entspricht knapp dem Niveau eines Freizeit-bzw. Breitensportlers wie der Tab. 5 entnommen werden kann.

Tab. 5: Normwerte Vita-Maxima-Test – Relative Watt-Soll-Leistung (Watt pro kg Körpergewicht) für Frauen (modifiziert nach Kindermann, 1987, S. 244–268)

Relative Wattleistung pro kg Körpergewicht	Bewertung
2,5 Watt	Durchschnittliche Ausdauerleistungsfähigkeit (Normalbürger)
3,5 Watt	Freizeit- bzw. Breitensportler
4,5 Watt	Leistungssportler (Ausdauer)
5,5 Watt	Hochleistungssportler (Ausdauer)

1.3 Gesundheits- und Leistungsstatus der Person

Die Testperson verfügt über einen soliden Gesundheitszustand, da keine internistischen und orthopädischen Beschwerden vorhanden sind. Die Leistungsfähigkeit gemäss den Testresultaten liegt etwas über dem Leistungsniveau des Normalbürgers. Daraus kann die Schlussfolgerung gezogen werden, dass eine ausreichend gute und risikolose Belastbar- und Trainierbarkeit vorliegt.

Der etwas höhere Ruhepuls im Vergleich mit gut trainierten Personen sowie die angedeutete Leistungsstagnation und aufkommende Müdigkeit deuten auf ein Übertraining der Testperson hin. Die nicht überragenden Testergebnisse, verglichen mit dem sportlichen Hintergrund der Person, bestärken diese Annahme. Man kann annehmen dass die Gründe für die Übertrainingssymptome fehlende Trainingseinheiten im regenerativen sowie extensiven Bereich sind.

Es ist sicherlich eine solide Belastbarkeit vorhanden, jedoch muss auf den Übertrainingszustand mit einem angemessenen Belastungsgefüge reagiert werden.

2 Zielsetzung / Prognose

Tab. 6: Zielsetzung (eigene Darstellung)

Ziele	Inhalt	Ausmaß	Zeit
Ziel 1	Verbesserung Grundlagenausdauer	Verbesserung der Watt-Soll-Leistung von 3,6 Watt/kg auf 4 Watt/kg	6 Monate
Ziel 2	Senkung Ruhepuls auf 60 S/min	Senkung um 10 S/min	6 Monate
Ziel 3	Körperfettreduktion	5 kg (= ca.200g / Woche)	6 Monate

Alle Ziele sind für die Testperson aus gesundheitlicher Sicht erreichbar und realistisch. Das Ziel der Verbesserung der Grundlagenausdauer ist das prioritäre Ziel für die Testperson, da dadurch einerseits wieder eine Basis zur Regenerationsfähigkeit und andererseits die Basis für intensivere Trainingseinheiten hergestellt werden kann. Zudem wird durch eine verbesserte Grundlagenausdauer der Ruhepuls gesenkt und der Fettstoffwechsel ökonomisiert.

Der Ruhepuls befindet sich zwar im Bereich des Normalbürgers, da die Testperson jedoch ihre Leistungsfähigkeit verbessern möchte in den Bereich von gut trainierten Sportlern, sollte eine Ökonomisierung der Herzarbeit und eine damit einhergehende

6

Senkung des Ruhepulses in den Bereich von gut trainierten Sportlern sicherlich als Ziel gesetzt werden. Eine Reduktion von einem ½ Schlag/Minute pro Woche gilt dabei als realistisch.

Das Ziel der Körperfettreduktion ist zu Beginn des Makrozyklus nicht als prioritär einzustufen, da die Verbesserung der Grundlagenausdauer an erster Stelle steht. Eine Körperfettreduktion von 200g pro Woche über die Makrozyklusdauer von 6 Monaten ist als realistisch anzusehen und in Anbetracht des gegebenen Gesundheits- und Leistungszustandes der Testperson erreichbar.

3 Trainingsplanung Mesozyklus

3.1 Grobplanung Mesozyklus

Tab. 7: Grobplanung Mesozyklus (eigene Darstellung)

Mesozyklus	
Dauer	6 Wochen
Trainingsziel	Wiederherstellung / Verbesserung der Grundlagenausdauer
Belastungsumfang/Woche	Zwischen 2h 15 min – 2h 45 min
Trainingsmethoden	Extensive Dauermethode Variable Dauermethode
Trainingsintensität	Regenerativ: 50-60% Hfmax Extensiv: 60-75% Hfmax Variabel: 60-85% Hfmax
Trainingshäufigkeit/Woche	3 x pro Woche
Dauer pro TE	45-60 Minuten
Trainingsgeräte	Fahrradergometer, Laufband, Crosstrainer

3.2 Detailplanung Mesozyklus

Tab. 8: Detailplanung Mesozyklus (eigene Darstellung)

Woche 1	Mo	Mi	Fr	Woche 4	Mo	Mi	Fr
Trainingsziel	GA1	Rekom	GA1	Trainingsziel	GA1	Rekom	GA1
Tr.-Methode	EDM	EDM	EDM	Tr.-Methode	VDM	EDM	EDM
Tr.-Intensität % Hfmax	60-70	50-60	60-70	Tr.-Intensität % Hfmax	60 / 70-75	50-60	60-70
Herzfrequenz S/min	112-131	93-112	112-131	Herzfrequenz S/min	112 / 131-140	93-112	112-131
Tr.-Dauer	45 Min.	45 Min.	45 Min.	Tr.-Dauer	50 Min. (5:5)	45 Min.	60 Min.
Tr.-Gerät	Cross-trainer	Fahrrad	Cross-trainer	Tr.-Gerät	Laufband	Fahrrad	Cross-trainer
Woche 2	Mo	Mi	Fr	Woche 5	Mo	Mi	Fr
Trainingsziel	GA1	Rekom	GA1	Trainingsziel	GA1/GA2	Rekom	GA1
Tr.-Methode	EDM	EDM	EDM	Tr.-Methode	VDM	EDM	EDM
Tr.-Intensität % Hfmax	60-70	50-60	60-70	Tr.-Intensität % Hfmax	60-65 / 75-85	50-60	60-70
Herzfrequenz S/min	112-131	93-112	112-131	Herzfrequenz S/min	112-122 / 140-159	93-112	112-131
Tr.-Dauer	60 Min.	45 Min.	45 Min.	Tr.-Dauer	40 Min. (5:5)	45 Min.	60 Min.
Tr.-Gerät	Cross-trainer	Fahrrad	Cross-trainer	Tr.-Gerät	Laufband	Fahrrad	Cross-trainer
Woche 3	Mo	Mi	Fr	Woche 6	Mo	Mi	Fr
Trainingsziel	GA1	Rekom	GA1	Trainingsziel	GA1/GA2	Rekom	GA1
Tr.-Methode	EDM	EDM	EDM	Tr.-Methode	VDM	EDM	EDM
Tr.-Intensität % Hfmax	60-70	50-60	60-70	Tr.-Intensität % Hfmax	60-65 / 75-85	50-60	60-70
Herzfrequenz S/min	112-131	93-112	112-131	Herzfrequenz S/min	112-122 / 140-159	93-112	112-131
Tr.-Dauer	60 Min.	45 Min.	60 Min.	Tr.-Dauer	50 Min. (5:5)	45 Min.	60 Min.
Tr.-Gerät	Cross-trainer	Fahrrad	Cross-trainer	Tr.-Gerät	Laufband	Fahrrad	Cross-trainer

3.3 Begründung zum Mesozyklus

Begründung zum angestrebten wöchentlichen Belastungsumfang
Der geringe Belastungsumfang in der ersten Woche soll dazu dienen, den bisherigen Belastungsumfang drastisch zu reduzieren um dem Körper Regenerationszeit zu gewährleisten. Der Belastungsumfang wird im Verlauf von Woche 1-3 gesteigert im Sinn einer Belastungsprogression und in den Wochen 4-6 wieder gesenkt um die Erhöhung der Trainingsintensität zu kompensieren. Von längeren wöchentlichen Belastungsumfängen in diesem Mesozyklus wird abgesehen aufgrund der Übertrainingssymptome.

Begründung zu den ausgewählten Trainingsmethoden
Der Trainingsschwerpunkt dieses Mesozyklus liegt in der Verbesserung der Grundlagenausdauer aufgrund des Gesundheitszustandes und Leistungslevels der Testperson.

Die extensive Dauermethode wird als eine geeignete Methode im Bereich der Verbesserung der Grundlagenausdauer sowie auch für Rekom Einheiten angesehen. Die Anpassungseffekte im Organismus werden durch die geringe Belastungsintensität (60%-75% der Hfmax) bei einem gleichzeitig längeren Belastungszeitraum (> 45Min.) hervorgerufen.

Zur Weiterentwicklung der Grundlagenausdauer wird die variable Dauermethode im Bereich der GA1/GA2 als eine geeignete Methode angesehen (Neumann, Pfützner & Berbalk, 2007, S. 131). Dies entspricht der Zielsetzung, die Leistungsfähigkeit zu verbessern. Nach einer Stabilisation der Grundlagenausdauer in der ersten Hälfte des Mesozyklus und bei Einhaltung von genügend Regenerationseinheiten kann dies von der Person in ihrem Gesundheitszustand problemlos durchgeführt werden.

Begründung zur Belastungsprogression
Als Prinzip zur Gestaltung des Ausdauertrainings gilt Häufigkeit vor Umfang vor Intensität. Nach diesem Prinzip erfolgt die Belastungsprogression des Mesozyklus.

Es erfolgt keine Steigerung der Belastungshäufigkeit über den Mesozyklus. Die Testperson kann in ihrem zeitlichen Rahmen drei Mal pro Woche trainieren. Dies entspricht einer optimalen Trainingshäufigkeit um gewünschte Anpassungseffekte zu erzielen

(Wenger & Bell, 1986). Die gesundheitlichen Voraussetzungen für drei Einheiten in der Woche sind gegeben.

Als erste Belastungsprogression erfolgt eine Steigerung des Belastungsumfanges im Verlauf der ersten drei Wochen des Mesozyklus. Dies soll zur Stabilisation der Grundlagenausdauer in den ersten drei Wochen dienen.

Auf der Basis der verbesserten Grundlagenausdauer kann die Belastungsintensität in den Wochen 3-6 gesteigert werden um die Grundlagenausdauer weiterzuentwickeln. Um die Progression in der Intensität zu kompensieren, wird die Belastungsdauer reduziert. In der letzten Woche erfolgt die Belastungsprogression im Rahmen der Erhöhung des Umfanges, da die Intensität von 85% des Hfmax im ersten Mesozyklus aus gesundheitlichen Gründen nicht überschritten werden soll.

Begründung zu den angesteuerten Trainingsbereichen
Aufgrund des Schwerpunktes des Mesozyklus zur Wiederherstellung bzw. Verbesserung der Grundlagenausdauer werden die drei Trainingsbereiche Rekom, GA1 sowie GA1/GA2 angesteuert. Die Rekom sowie GA1 Einheiten sollen als Basis, die GA1/GA2 Einheiten als Weiterentwicklung der Grundlagenausdauer dienen.

In den Wochen 1-3 dienen die Rekom Einheiten als aktive Regenerationseinheiten um den Körper von der Überbelastung zu regenerieren, in den Wochen 4-6 dienen sie zur Erholung nach den Trainingseinheiten in höheren Intensitäten. Die Vorteile der Rekom liegen in einer gesteigerten Durchblutung ohne einen trainingswirksamen Reiz (50%-60% der Hfmax), wodurch Stoffwechselendprodukte wie Laktat und überhöhte katabole Hormonkonzentrationen im Blut effektiver abgebaut werden können.

Der primär angesteuerte Trainingsbereich ist die Grundlagenausdauer GA1 aufgrund der Zielsetzung und des Gesundheitszustandes der Person. Die Trainingsintensität zur Verbesserung der allgemeinen Grundlagenausdauer wird empfohlen zwischen 60-75% der Hfmax (Hottenrott, 2006). Als Anpassungseffekte in diesem Trainingsbereich kann eine Optimierung der aeroben Kapazität, des Herz-Kreislauf-Systems sowie des Fettstoffwechsels angeführt werden. Um das Ziel der Körperfettreduktion zu unterstützen, ist ein Mal pro Woche ein Fettstoffwechseltraining im Bereich von 60-70% der Hfmax angesetzt (Spriet, 2012).

Der Trainingsbereich in der Grundlagenausdauer GA1/GA2 dient der Weiterentwicklung der Grundlagenausdauer und somit der Leistungsverbesserung. Durch die Energiebereitstellung im Mischbereich von aerob und anaerob wird insbesondere die individuelle anaerobe Schwelle nach hinten verschoben (McArdle, Katch & Katch, 1996). Des Weiteren wird durch die höhere Trainingsintensität ein höherer Fettabbau erzielt (Hunter, Weinsier, Bamman & Larson, 1998, S. 490). Aufgrund des Gesundheitszustandes der Person wird die Intensität in diesem Mesozyklus auf maximal 85% der Hfmax festgelegt. Dieser Intensitätsbereich liegt unterhalb/an der anaeroben Schwelle (Kindermann, 2004, S. 162). Das anfallende Laktat kann vom Körper abgebaut werden und es kommt zu keiner signifikanten Übersäuerung (Mader et al., 1976). Die genannten Effekte entsprechen den Zielen der Person.

Begründung der ausgewählten Ausdauergeräte

Für die Rekom Einheiten wurde das Fahrrad gewählt im Hinblick auf die geringen koordinativen Anforderungen. Somit kann die Konzentration zu 100% auf die Regeneration gelegt werden.

Analog zur Intensitätssteigerung erfolgt auch eine Belastungsprogression in der Wahl der Ausdauergeräte für die extensive sowie die variable Dauermethode. Der Crosstrainer und das Laufband sind koordinativ anspruchsvoller als das Fahrrad, beanspruchen mehr Muskelmasse und weisen zudem eine gute bis sehr gute cardiopulmonale Ausbelastung auf. Dies bewirkt einen höheren Energieverbrauch, welche für den Fettabbau erforderlich ist.

4 Literaturrecherche

Im Rahmen der Literaturrecherche werden nachfolgend zwei Studien zum Thema Effekte des Ausdauertrainings bei Übergewicht/Adipositas vorgestellt.

Tab. 9: Studie 1: Effekte beim Grundumsatz nach einer Körpergewichtsreduktion durch extensives Ausdauertraining bei schwergewichtigen Frauen und Männern (Anagnostou & Schaar, 2010)

Autoren	Vassilis Anagnostou & Bettina Schaar
Publikationsjahr	2010
Probanden	30 schwergewichtige Erwachsene (16 Frauen, 14 Männer) mittleren Alters mittels Vorauswahl nach festgelegten Kriterien: • Alter zwischen 18 und 45 Jahre • BMI ≥ 40.0 kg/m2 • Keine akute oder vorangegangene koronare Herzerkrankung • Keinen unkontrollierten Bluthochdruck • Keine orthopädischen Erkrankungen • Keine Einnahme von Psychopharmaka oder Antihypertensiva
Versuchsaufbau	• Pre-/Posttest-Format (T1+T2): Bestimmung Grundumsatz, körperliche Leistungsfähigkeit, stufenförmiger Belastungstest angelehnt an WHO sowie Körpergewebezusammensetzung • Dauer: 26 Wochen • Drei Trainingseinheiten pro Woche: Ein Bewegungsprogramm von 16 Einheiten von 45-60 Minuten + selbständiges Training • Trainingsmethodik: individuell dosiertes submaximales extensives Ausdauertraining + funktionsgymnastische Übungen
Relevante Ergebnisse und Schlussfolgerungen	• Signifikante Reduktionen des Körpergewichts und des BMI bei beiden Geschlechtern • Hoch signifikante Reduktion der Körperfettmasse • Absinken des GU bei den Männern, jedoch kein Verlust an absoluter Muskelmasse -> Vermutung dass Absinken des GU mit Reduktion der FM zusammenhängt • Kein Absinken des Grundumsatzes bei den Frauen, jedoch signifikanter Verlust an absoluter Muskelmasse -> Vermutung dass Trainingsintensität zu tief war für die Aufrechterhaltung der FFM • Verbesserung der Physical Work Capacity (PWC) bei Herzfrequenz von 120 und 130 S/min bei beiden Geschlechtern • Einfluss von sportlicher Aktivität auf GU bei übergewichtigen Erwachsenen: Die Studie zeigt auf, dass die FFM durch extensives Ausdauertraining aufrecht erhalten werden kann.

Tab. 10: Studie 2: Effects of exercise training at an intensity relative to lactate threshold in mildly obese women (Kim, Tanaka & Maeda, 1991)

Autoren	Hyun Soo Kim, Kiyoji Tanaka & Kazuya Maeda
Publikationsjahr	1991
Probanden	• 28 gesunde Frauen (Trainingsgruppe 18 Frauen, Kontrollgruppe 10 Frauen) • Durchschnittsalter 40.7 Jahre +/- 10.7 Jahre • Mittleres Übergewicht (geschätzte FM von 25-40%)
Versuchsaufbau	• Dauer: 14 Wochen • Trainingsprogramm: 2-3 Trainingseinheiten pro Woche à 50-60 Minuten, Dauermethode Joggen und Indoor Bike. Stetige Steigerung der Intensität im Verlauf der 14 Wochen • Trainingsgruppe: zusätzlich 1- max. 4 unüberwachte Ausdauer Trainingseinheiten, Kontrollgruppe: normale körperliche Aktivität • Messung der Körperzusammensetzung sowie aerobe Kapazität, Blutentnahme.
Relevante Ergebnisse und Schlussfolgerungen	• Signifikante Gewichts- und Körperfettreduktion in der Trainingsgruppe bei regelmässigen Ausdauertraining bei einer Intensität unter/an der anaeroben Schwelle • keine Reduktion in der Kontrollgruppe. • Keine Veränderung der fettfreien Masse in beiden Gruppen • Positive Veränderung der Blutfettwerte • Veränderung in der Körperkomposition (FM, FFM) sind möglich auch ohne spezifische Ernährungsmassnahmen

5 Literaturverzeichnis

Anagnostou, V. & Schaar, B. (2010). Effekte beim Grundumsatz nach einer Körpergewichtsreduktion durch extensives Ausdauertraining bei schwergewichtigen Frauen und Männern. *Gesundheit in Bewegung: Impulse aus Geschlechterperspektive, 32*, 163-196.

Hottenrott, K. (2006). *Trainingskontrolle mit Herzfrequenz-Messgeräten.* Aachen: Meyer & Meyer.

Hunter, G. R., Weinsier, R. L., Bamman, M. M. & Larson, D. E. (1998). A role for high intensity exercise on energy balance and weight control. *International journal of obesity, 22* (6), 489-493.

Kindermann, W. (1987). Ergometrie-Empfehlungen für die ärztliche Praxis. *Deutsche Zeitschrift für Sportmedizin, 38*, 244-268.

Kindermann, W. (2004). Anaerobe Schwelle. *Deutsche Zeitschrift für Sportmedizin, 55* (6), 161-162.

Kim, H. S., Tanaka, K. & Maeda, K. (1991). Effects of exercise training at an intensity relative to lactate threshold in mildly obese women. *The Annals of physiological anthropolog y= Seiri Jinruigaku Kenkyukai kaishi, 10* (4), 229-236.

Mader, A., Liesen, H., Heck, H., Philippi, H., Rost, R., Schürch, P. et al. (1976). Zur Beurteilung der sportartspezifischen Ausdauerleistungsfähigkeit im Labor. *Sportarzt sportmed, 27* (80), 199.

Mancia, G., De Backer, G., Dominiczak, A., Cifkova, R., Fagard, R., Germano, G. et al (2007). 2007 Guidelines for the management of arterial hypertension. The Task Force for the Management of Arterial Hypertension of the European Society of Hypertension (ESH) and of the European Society of Cardiology (ESC). *European Heart Journal, 28* (12), 1465.

McArdle, W. D., Katch, F. I. & Katch, V. L. (1991). Exercise physiology: energy, nutrition, and human performance. *Medicine & Science in Sports & Exercise, 23* (12), 1403.

Neumann, G., Pfützner, A. & Berbalk, A. (2007). *Optimiertes Ausdauertraining* (5. Überarb. Aufl.). Aachen: Meyer & Meyer.

Spriet, L. L. (2012). Metabolic regulation of fat use during exercise and in recovery. *In Sports Nutrition: More Than Just Calories-Triggers for Adaptation, 69*, 39-58.

Weineck, J. (2003). *Ausdauertraining. Trainingssteuerung über die Herzfrequenz- und Milchsäurebestimmung.* Balingen: Spitta

Wenger, H. A. & Bell, G. J. (1986). The interactions of intensity, frequency and duration of exercise training in altering cardiorespiratory fitness. *Sports medicine, 3* (5), 346-356.

6   Tabellenverzeichnis

BEI GRIN MACHT SICH IHR WISSEN BEZAHLT

- Wir veröffentlichen Ihre Hausarbeit, Bachelor- und Masterarbeit

- Ihr eigenes eBook und Buch - weltweit in allen wichtigen Shops

- Verdienen Sie an jedem Verkauf

Jetzt bei www.GRIN.com hochladen und kostenlos publizieren